父母的趣味教养宝典

爱他，就抱抱他！

——家长示爱宝典

(塞尔维亚)Jelena Janičić Holcer 著

刘 畅 杨改娇 译

哈爾濱工業大學出版社
HARBIN INSTITUTE OF TECHNOLOGY PRESS

黑版贸审字08-2015-023号

图书在版编目（CIP）数据

爱他，就抱抱他！：家长示爱宝典 /（塞尔）伊莲娜（Jelena）著；刘畅，杨改娇译. -- 哈尔滨：哈尔滨工业大学出版社，2015.6

（父母的趣味教养宝典）

ISBN 978-7-5603-5432-3

Ⅰ. ①爱… Ⅱ. ①伊… ②刘… ③杨… Ⅲ. ①儿童教育—家庭教育 Ⅳ. ①G78

中国版本图书馆CIP数据核字（2015）第117499号

策划编辑　陈　洁
责任编辑　范业婷
封面设计　刘长友
出版发行　哈尔滨工业大学出版社
社　　址　哈尔滨市南岗区复华四道街10号　　邮编　150006
传　　真　0451-86414749
网　　址　http://hitpress.hit.edu.cn
印　　刷　哈尔滨市工大节能印刷厂
开　　本　880mm×1230mm　1/32　印张2.375　字数42千字
版　　次　2015年6月第1版　2015年6月第1次印刷
书　　号　ISBN 978-7-5603-5432-3
定　　价　18.00元

本书以问答形式代替导读

问：为什么对于父母来说向孩子表达爱是很重要的？

答：因为孩子需要父母对他们所想的和所相信的东西给予肯定。孩子的世界充满了色彩画面和联想。他们是在各种复杂的印象和经历中成长起来的，他们与成人是不一样的，他们有他们自己的需求、情感和梦想。简言之，对成人来说显而易见的事没必要以同样标准要求孩子，事实上通常也不像我们认为的那样显而易见。

问：向孩子表达爱的时候父母能从中收获什么？

答：父母要让孩子对家庭产生信心，然后也要让他们对自己产生信心。只有当他们足够确定自己能从家里享受到安全感和获得支持时，孩子才能健康自由地成长。父母能传达给孩子的最重要的信息就是：作为他们的父母，你们彼此非常相爱，同时也非常爱他们。

问：过度地对孩子表达爱是宠坏孩子的“最好”方式吗？

答：让孩子沐浴在爱、温柔和关怀中，只会对他们有益无害。表达爱从来没有过度一说。被宠坏的孩子也是被爱着的孩子，让他们被宠坏的原因是父母对孩子的期望太少，而不是因为父母对孩子过多的爱（再说也根本不存在什么过多的爱）。如果父母总是想永远把孩子当成自己的小宝贝，而不是在慢慢长大和成熟的儿童时，父母实际上是在放纵和溺爱孩子，是在向他们的随心所欲使性子妥协屈服，但是这样长大的孩子永远不会放松，不会大笑，在成长的过程中他们会对自己缺乏信心，对家庭缺乏信任。

问：为什么是101种方法？

答：方法是有无数种的。最好的方法就是你自己想出来的方法。你在这本书里看到的只是一部分观点。事实上我们把这些观点按年龄分为两部分——2到5岁和5到8岁，但是这绝不是说当你的孩子上学后，你在他们2岁时做的那些就应该被忘掉，或者是当他们8岁时你就可以不用向他们表达爱了。恰恰相反，我建议你最好把所有的方法都记住，在孩子的成长过程中你可以适当修改和完善并不断添加新的方法。我们的一些建议需要大量的计划，组织和耐心。但是你没有无数个孩子，因此看着他们健康快乐地成长值得你付出所有的努力。你要多抽出时间来陪陪孩子。如果你的耐心耗尽了，那就想想你现在所做的是一个长远投资。不管怎样，表达爱也是需要不断练习的。当你读这本书的时候，我相信你会想到许多新的方法来表达你的爱，就跟我相信通过告诉你的孩子你有多爱他们，你们双方都会很快乐一样。

目录 CONTENTS

首先最重要的是：

[1] 我爱你

学会告诉你的孩子你爱他们。而且要立刻开始，因为学会说“我爱你”是要花时间的。不管这对你来说有多难，或你认为你的孩子已经感觉到你的爱了或是你觉得就算不说出来爱也是存在的，那你也要继续说出来“我爱你”。只偶尔对孩子说“我爱你”是远远不够的。除了“我爱你”，你也可以用其他一切能表达积极感情的词语。

注：如果你想表达消极情绪，这条规则是不适用的。所以要三思。

[2] 宝藏箱

专门准备一个箱子或抽屉用来珍藏孩子从出生到2岁之间一些比较重要的东西。比如孩子玩的第一个

拨浪鼓，吸吮的第一个乳胶奶头，出生时产房里孩子的号码牌，第一次生日聚会上的一个气球，一份印有孩子出生日期的报纸。刚开始的时候你的孩子是不会明白这些东西的意义的，但是这些东西的价值会随着时间的推移不断增长，那时候孩子们会很开心地发现，原来从一开始，他或她对你们来说就如此珍贵。如果你能保存他们第一次理发时的一绺头发，或是一份他们刚学会说话时所说的100个词的单子，那就更能证明你对孩子的爱了。如果你不立即开始收藏这些珍贵的纪念物，那么就会来不及的。然后你可以为接下来的几年准备另外一个箱子，又另外一个……

[3] 种一棵树

在孩子出生时种一棵树。如果你没有花园，而家里的其他人有，也可以让他们帮忙种。当你和你的孩子一起去看小树的生长情况时，它会让你们感到无比骄傲。

如果你不在孩子出生的时候种树，那么你准备什么时候种呢？

适合向2到5岁的孩子表达爱的方法

[4] 芭比娃娃的裁缝师

给女儿最爱的洋娃娃缝衣服，给儿子的第一个工具箱里放一些螺丝、螺栓和钉子。不用担心，孩子们知道你做这些是因为爱他们而不是他们的玩具。

[5] 特别的打招呼方式

想一种只有你和孩子能够明白的打招呼方式（或者家里的其他成员也能明白）。这种方式可以包括挥手，眨眼，轻轻跳一下等。但是最好是一些你可以经常做的动作的组合。这通常也能代表你和孩子之间的一种特殊的关系。

[6] 特别的爱抚

就像你的吻对孩子是特别的（摸摸他们的鼻子，用你的眼睫毛蹭蹭他们的脸颊等），你还应该再想一些特别的爱抚方式。比如用你的手指在他们的肚皮上写字画画，用羽毛挠他们的痒痒，在洗完澡后给他们全身擦上乳液……

你也许能想出一些特别的拥抱方式：单臂拥抱，双臂拥抱，一只手放背后，或是头朝旁边。

[7] 出气垫

通过向孩子表明你能接受他们所有的情绪、怪念头和习惯来表达你的爱。在家里比较显眼的地方放一个垫子，然后家里的所有人都可以用它来发泄自己的愤怒，你们可以对着

它大喊，可以打它也可以扔它。

孩子们会知道即使在他们生气的时候，父母也是爱他们的。但是这种表达愤怒的方式可能会引起你和孩子之间的冲突。出于同一个理由你自己也需要这样一个垫子。

[8] 旗子上的信息

用布做一面旗子，然后把它绑到一根杆子上。在旗子上面写上孩子的出生日期或其他一些重要的日期，然后在这些重要事情发生之前的一到两天内把杆子放到阳台上或是花园里。你也可以只是在气球上写下他或她的名字，系个蝴蝶结或是做些别的适合这个场合的事情。

孩子们会很高兴知道你想跟全世界分享对他们来说重要的，因此对你来说也是重要的东西。

[9] 传递爱的信息

当你们玩“传话游戏”时，尽可能多地给孩子说一

些关于爱与喜欢的词。这样做的目的不是让他们把这些词重复一遍，而是让他们试着去记住这些词。

[10] 过来安慰安慰我

假装你坐在椅子上无法动弹，或是假装你在一艘正在经历暴风雨的船上，抑或是假装你在一架穿越风暴的飞机上。想象着船在摇晃和飞机在颠簸晃动，然后你们彼此互相帮助、互相拥抱、互相安慰。

[11] 手拉手

把你的手画在纸上（你知道的：手掌向下放在纸上，然后拿铅笔顺着手的轮廓画就可以），然后用相同的方法把孩子的手画在你的手里，再然后给他们分别涂上不同的颜色。你也许会这样记录下你们的每一个假期，或者你也可以做一张明信片然后寄给外婆。

[12] 第一次艺术展

为孩子的艺术作品组织一次展览会。在家里的各个角落都摆上孩子画的画、写的诗、捏的泥人和面人，等着家人和朋友来参观。

你也可以把孩子送你的所有礼物都拿出来展示一下，并且告诉所有人你有多么喜欢和珍视这些礼物，特别是要当着孩子的面。

[13] 西部牛仔和印第安人

向孩子表达爱，不要总是通过一副呆板乏味的大人模样去表达。如果你决定给孩子展示西部牛仔和印第安人的区别，这或许会对你以后教孩子辨别是非对错有帮助，那就千万不要错失这仅有的扮演印第安人的机会，给自己装扮一下，用铺有毯子的桌子当帐篷，然后绕着桌子跳印第安人的祈雨舞。

[14] 土豆印章

给孩子做个专属于他的印章。用土豆刻出他选择的图案，在颜料里蘸一下，然后在你不希望必须再洗一遍的东西上盖印。这会让孩子感觉到自己的独特和与众不同，并帮助孩子塑造积极的自我形象。

你也可以用土豆、胡萝卜和黄瓜片做一些有趣的图案。也许一个用葡萄干当眼睛的笑脸就能让孩子吃饭吃得更香。

[15] 早上好

每天早晨用一个早安吻来叫孩子起床。也许前一天晚上他们惹你生气了，也许你很赶时间或是你觉得他们

还在睡觉所以不会知道你是在叫醒他们，尤其是不知道你在亲吻他们，但千万别那么想。

只要去做就行了，并形成习惯：用早安吻叫他们起床。

如果你已经清醒了，给自己和孩子涂上口红，然后互相拥抱亲吻在彼此的脸颊上留下口红印记。接着你们可以联合起来用同样的方法去偷袭爸爸或妈妈。

[16] 穿大人的衣服

跟孩子分享一些你从不认为他们想要你跟他们分享的东西，这同样也可以向你的孩子表明你爱他们。如果你愿意的话，在家里或是一些特别的聚会时，你可以让他们穿上你的衣服，甚至是那些对他们来说过大的衣服。有时候孩子这么做是想跟父母建立一种特别的关系，是把父母当成他们的偶像，是希望在他们眼中他们自己可以更高大更重要，不再孤孤单单。

[17] 幸福雨伞

在孩子的伞里，雨淋不湿的地方，画个太阳、心形、花儿，写上你的名字和只有你们能明白的符号代码。让下雨的午后对孩子来说变得欢快明亮。

[18] 派对游戏

给派对游戏制订新的规则，这些规则只需要适合自己家里人就行，没必要满足所有人。赢的人可以获得十个吻，或是可以实现一个愿望，也可以是送给他们最爱的糖果，或带他们去看一场电影。玩的时候，用最高级的词来称呼他

们。比如，我们的超人麦克藏到哪儿去了？谁能找到我们最美丽的苏珊呢？

[19] 家庭乐队

把家里每个人都想象成一种乐器。通过有节奏的互相轻拍、吹口哨、闭上嘴轻轻地哼哼，在摸到彼此鼻尖时发出“哔”的一声，你们能弄出各种各样的声音。

你也可以平躺在地上假装自己是个乐器（尤其是爸爸比较喜欢这样），让孩子在你的背上来回走动，这也算是一种比较特殊的按摩。

发出声音的同时跟孩子有肢体接触也是一种不错的选择，而且还能刺激语言交流，因为小孩子的词汇通常还不是很完整。所有的肢体接触通常都是比较温柔的、嬉戏的，这有助于孩子更好地理解和体会这种非语言的爱的信号。

[20] 噪声就是乐趣

唱歌给孩子听，即使你五音不全。当我们谈到噪声这个话题时，拿一些锅碗瓢盆跟孩子一起敲。一起敲大概十分钟就可以把气氛活跃起来，同时也不会给邻居造成太大的困扰。过后就算是想起这段“音乐”你脸上都会不自觉地露出微笑。

[21] 送花给孩子

偶尔把女儿当成是个大人送她一束花。但是不要太过了。

确保花被包得很好，不要让她觉得你送她花是出于某种理由，你要让她有惊喜感，同时要让她觉得从你那里收到礼物是再平常不过的事了。

[22] 上卷绘画

我知道有个爸爸在自家木质的百叶窗上画了一个巨大的心形，心形的周围画了一圈的花朵。那是怎么实现的呢？是这样的，图案是在百叶窗内侧，因此不会被雨水冲刷掉，而且百叶窗通常是被卷起来的或是有窗帘遮着，所以图案不会遭到嘲笑。但是每天晚上当百叶窗被拉下来的时候，百叶窗上的图案足够让小凯西的脸上露出微笑，并时刻提醒着她，爸爸有多么爱她。

[23] 有多大呢？这么大？

教孩子一个简单的能变成他终身习惯的动作。当你问他“妈妈有多爱她的罗伯特”时，他会把他的双手高高地举起来。在以后的生活中，你们可以用这个大

家都知道的姿势来提醒彼此关于你们童年的秘密和你们对彼此的爱有多深。

[24] 由专门设计师设计的香水

和孩子一起设计一款专属于你们的香水。把她选的所有成分都放在一个瓶子里然后摇匀，并以她的名字给香水命名。如果你们把牛至油、染色剂、洗甲液也放进去 的话，那香水的味道可能会不大好闻。但是你们都能从中体会到乐趣，而且你的孩子将会为能拥有自己专门设计的香水而感到骄傲。

[25] 旧玩具给新孩子

如果家里有足够的空间，那就把孩子玩过的玩具都保留下来。最起码得留下他们的第一

个玩具和他们最喜欢的玩具。看到他们堆在一起或是把他们送给小一点的孩子玩时，你会觉得无比开心。

注：在没有征询孩子的意见之前，千万别把他们的玩具扔掉或是送给其他人。

[26] 选照片

和孩子一起挑一张他或她的照片，或者是一张全家福照片，带着照片去上班并把它贴到你的桌子上，这又是一种方法向你的孩子显示你有多珍视他们，有多想念他们，即使你不在他们身边。

[27] 故事里的英雄

在给孩子讲睡前故事时，你可以自己编个故事，让你的孩子当故事的英雄。这个英雄当然总是很乐观、善良、英俊、聪明、高大，并且被故事里的所有人喜欢。

[28] 纪念章，奖章和王冠

用厚纸板做一些纪念章和奖章，你和你的孩子可以一周一次用他们来奖励家里的成员。

比如，五月第一周最佳洗碗人，暑期最佳游泳者……

你也可以做一顶王冠，每月一次，王冠的获得者可以让家里其他成员帮忙实现他或她的每个愿望。

[29] 第一的权利

父母是负责教孩子游泳、骑车、打雪仗和许多其他事情的人。不要错过享受当第一个和孩子用沙子堆城堡，第一个和孩子在冬天堆雪人，第一个和孩子一起放风筝的人时的乐趣。你的孩子会永远记得的。

[30] 爸爸在刮胡子

把你的儿子带进男人的世界里来，早上刮胡子时允

许他参与进来，和他分享一些男人之间的秘密和故事。亲爱的妈妈，尽管他们的秘密会涉及足球和女孩，不要嫉妒他们男性之间的这种亲密关系。这种充满爱意的关系越多，你的孩子就会越开心。所以妈妈要放轻松，开心点。

[31] 外婆的故事

照顾好爷爷奶奶外公外婆。不要质疑他们的地位和权利。

爷爷奶奶外公外婆除了知道很多事，能做很多事以外，还有不可估量的价值，尤其是当孩子足够成熟，大概是3到4岁时，爷爷奶奶外公外婆可以满足孩子对于自己父母童年的好奇心。他们自己的父母曾经也是孩子这

一事实对于他们来说具有很大价值，还有谁的话能比爷爷奶奶外公外婆的话更让他们信服呢！

[32] 为节日做准备

让所有的节日都成为真正的节日。

用孩子的拨浪鼓和玩具装扮圣诞树。跟孩子一起用毛笔或指甲油给复活节鸡蛋染色。

你要自己做生日派对邀请卡而不是买现成的。你需要买的是做好的蛋糕，因为做蛋糕要花很长时间。孩子会很开心能自己做卡片，这样他们才会有种真正过节的心情。

也许你不知道这个，把土耳其软糖揉捏几下，然后往

里面加点细白砂糖，把它做成一个方块并用食用色素为其着色。

你要相信你的孩子能用这种可食用的泥土把蛋糕装饰得比你自己做的更好。

[33] 电影首映

要时不时给孩子录个家庭视频。如果你没有相机，那就去借一个。

以孩子为主角，把他们的成长过程拍成视频电影。

不要只是拍摄聚会、节假日和其他一些特别的场合，也要拍摄一些日常生活中的情景。别忘了使用一些吸引人的电影标题。比如："艾利克斯准备开拍，第三场""苏珊：音乐女王"等类似这样的。通过做这些，你能得到一份珍贵的纪念，而你的孩子获得了能主演一系列电影的满足感。

[34] 工作中的孩子

带着孩子跟你一起去上班。这样可以让你的工作对他们来说不再充满神秘感，同时能让他们明白为什么你每天早上必须要去上班，为什么你每天要在那里待很久。这样做也会让他们在没有你陪伴的时间里过得更容易、更开心。

[35] 家庭拼图

用一张孩子的照片或是全家福做个简单的拼图，然后贴到硬纸板上。

为了强调你的家庭比较特别这个事实，你可以把全家福的照片贴到日历本的图片之上。

[36] 一起

和孩子一起做下面的这些事：

一起看卡通动画

一起做游戏

一起编新的游戏和故事

一起散步

一起挠痒痒

一起购物

一起跳舞，一起读书，一起慢跑

一起在雪地里画画

一起唱歌

[37] 拿鞋子当花盆

可以在孩子不能穿的鞋子里装铅笔或是种花。孩子会很开心地知道他们的鞋子对你来说是如此的珍贵以至于你都舍不得扔掉。

[38] 任何东西都可以当玩具

用空纸盒、空瓶子、牙签、栗子、扔掉的绒线、电线等做乐器、小动物、洋娃娃和其他玩具。给花瓶涂颜色，用串在绳子上的贝壳做可以挂在阳台上的风铃，用旧的硬纸盒盖楼房，用塑料袋做风筝……

记住健康的学前儿童每天需要8小时的玩耍时间。

父母在这方面要给他们以帮助，这对双方都是一件趣事。

[39] 你今天看起来真漂亮

告诉孩子他们很漂亮。

通过这种方式也是在告诉他们你觉得他们长大了（毕竟，在他们小的时候你没有这样说过），这同时也能影响他们的心情。而且这种方式对孩子和父母来说也是很重要的。

[40] 录音

你可以把自己的声音录下来，然后在你不在家的时候让它来陪伴孩子。听到用你的声音讲的童话故事时，孩子的孤单感会减少，同时也使你离孩子更近。你也可以把孩子在讲话、唱歌、打哈欠、大笑、背诗时的声音录下来。

[41] 家谱图

画一张家谱图，图上要包括爸爸和妈妈两边的所有亲人，然后把孩子放在最上边。用一张大点的纸画家谱图，如果你喜欢的话可以在每个名字旁边贴上照片，还要在纸上给未来的孩子留点空间。

[42] 用手代替刷子

不要否定孩子做的那些只有在他们小的时候才能做的所有事情，这也是对孩子的一种爱。偶尔，允许他们把手浸到染料里，然后在纸上画画。

[43] 名字是至关重要的

在说话的时候要习惯叫孩子的名字。这里我强调一定要是名字而不是绰号或昵称。孩子们喜欢大人叫他们的名字，这会让他们觉得更平等。你也可以让孩子给你的汽车、给树，给家里的宠物……给任何能命名和孩子想要命名的东西命名。

[44] 惊喜礼物

鼓励和帮助孩子给爸爸或妈妈做个小小的惊喜礼物：用黏土捏小雕塑、画画、做面人、自己写诗…… 不管什么时候，只要有可能，也给孩子制造一点小小的惊喜。或许他们喜欢收集石头、卡片、玩具、糖果。因此在送给他们这些礼物时，要用好看的彩纸包装并系个蝴蝶结。这样做可以让孩子快乐的时刻更多更久。

除此以外，不管这个礼物有多便宜，这样做都能让礼物的价值得以展现。

[45] 就像好莱坞一样

在黏土或者纸上留下宝宝的手印和脚印，并且不时地拿出来给孩子展示。告诉他们，在这个世界上有太多年龄相同的孩子，那些孩子也有着相似的手印和脚印，但是他们的手印脚印却是那么的特别，那么的独一无二，那么的无可比拟。

[46]《儿童权利公约》

多多熟识一下《儿童权利公约》的内容，尊重孩子的这些权利。孩子有权拥有自己的喜好，有权坚持自己的选择：小到他们今天想穿什么样的衣服，他们最喜欢什么样的玩具，大到他们自己选择朋友。别忘了，孩子有权拥有自己的休闲时光，也有权决定如何享用。

他们有权去喊叫、去咆哮，有权去哼唱、去跑跳……他们有权和你不同，也有权拥有自己的计划，自己的野心，自己的欲望。

[47] 温柔地梳理孩子的头发

我们希望，您已经准备好了一把梳子，准备好了时时为孩子温柔地梳理头发。因为即使在以后的很长一段时间里，很多孩子还保持着童年里的很多习惯，令他们开心的还是自己的父母。

虽然如此，父母也不能在孩子小的时候不停剪短他们的头发，孩子长大后会听从一个真正的理发师的意见，而不是你的。

孩子5到8岁时，我们可以展示爱意的方式

[48] 美德清单

做一个长长的孩子的美德清单，框起来，装饰好挂在墙上。每当孩子看到它的时候，她都会更加自信，也会记得你有多爱她。

[49] 秘密信号

和孩子一起制订一套秘密信号，当有些事情大声说出来会令他尴尬的时候，这些秘密信号就可以派上用场了。

你可以碰碰鼻子，提醒他坐直身体；拉直头发，提醒他

不要再挖鼻孔；碰碰你的膝盖，告诉他不能再说谎了；眨三下眼睛，提醒他该离开饭桌了！……

[50] 自由落体式的后躺

站在孩子身后，告诉他放松肌肉，自由后躺，在腋窝下扶住他。然后角色互换。如果宝贝太小还不能扶住你，可以让另一半加入游戏。当孩子看到自己的父母能够信任彼此时，他们会十分欣喜。他们也会享受这个后躺的过程，因为他们真的相信，自己的爸爸妈妈一定会扶住自己！

[51] 大象吃足球

做一份剪报，留到孩子能阅读时给孩子看。

这些新闻主题可以涉及各种孩子会感兴趣的话题：当地动物园的新闻，当地足球俱乐部招选年轻运动员的新闻，剧团的试镜新闻，镇子上有个马戏团的新闻，等等。

[52] 欢迎回家！

如果孩子放学比自己下班早，记得给孩子留张字条。可以是贴在冰箱上的小小便签，也可以是答录机上的几句话。但是千万别写着“午饭在冰箱里”或是

“爸爸在工作”诸如此类的话，孩子会觉得这太侮辱他们的智商啦——午饭当然不会在洗衣机里啊！只要一些简单的话就好，比如“别忘了吃午饭！”当然还可以把这些字条做成纸帽的形状，或者飞机轮船的形状。

别忘了署名“爱你的妈妈”！

[53] 心·到心·的距离

用不同颜色的纸剪出心形的便签，可以用作吵架后和解的标志，也可以用作清晨起床的问候，或者是他们放学回家后的便条。

当然我们还可以用面团、黏土、纸等做出很多的心。在上面加以涂画保留起来，可能会花费很多精力，但漫漫长路，你会发现费些精力十分值得。我们可以用这些心来装饰圣诞树、餐桌或者孩子的生日派对，最重要的是孩子会通过这些心知道我们有多爱他们！还记得奶奶在我们的毛巾上、枕头上绣上的心形图案和我们的名字吗？这样理解起来就不难了吧！

[54] 寻宝游戏

在家里组织一次寻宝游戏吧！设置一些障碍，当孩子正确地回答了一个问题，或者吃完了他们的午餐，或是甜甜地亲了一下奶奶……他们就可以离自己的目标更进一步！（爸爸妈妈小心不要被孩子“诈骗”哦！）

所寻之宝可以是一个惊喜，也可以是我们买来的一个小礼物，藏在一个秘密的地方。这个寻宝游戏看上去有些复杂，但一场游戏可以持续很多天。一定值得的，等着瞧吧！

[55] 你童年时的小游戏

教宝贝一些你童年时的小游戏。

展示一下游戏，解释一下规则，也可以提议宝贝们和他们自己的小伙伴们一起玩。这些游戏如果不小心被一些公司采用了，那我们的宝贝可就会非常受欢迎了！

您也可以讲些笑话给宝贝听，现在的市面上可是有很多专为孩子所著的笑话书籍的！

[56] 亲爱的兄弟姐妹

如果有亲属给了宝贝一笔钱，那么您可以用这笔钱买一本书，在书的扉页上写上亲戚的名字，或者干脆贴上一张亲戚的照片。这样我们的宝贝才会真正地珍惜牢记。您这样做是在给孩子建立良好的亲属关系，而除此之外，孩子获得的还有他们的自信。

[57] 艺术家是怎样练成的？

乐于和孩子一起创造，以此展示你的爱。

秋天里，和孩子一起收集干枯的落叶、松果、橡子……在寒假来临前，和孩子一起把它们染成金色；在炎炎夏日中，和孩子一起去拾贝壳、捡卵石，把它们装饰到相框上。在春天里，和孩子一起收集紫罗兰、雪花莲、甚至果树上的花朵，把它们晒干，在硬纸板上粘成一幅幅图画，裱起来。是不是就像是一位真正的艺术家了？

[58] 不是生日的“生日派对”

偶尔为孩子办一场不是生日的“生日派对”。

“生日”蛋糕、蜡烛、朋友、游戏、气球……就好像是一个真正的生日派对一样，要做的仅仅是告诉来宾们，这不是一场生日派对。在假日，哪怕平常生活的某一天，你都可以吹个气球，在上面画点图案，粘很多的气球在墙上！试着过一个不是生日的生日派对吧！

[59] 分担家务

和孩子一起分担家务，只要你们都很乐享其中！在

分担家务的过程中，孩子会感受到平等，你分享的不仅仅是家务，更是一种责任和义务。

分担厨房的琐事更为重要。厨房是一个特殊的地方。想一想，你在厨房里每天花费那么多精力，做出了那么多美味的佳肴。只有经过你的允许，孩子才能进到你的王国。

[60] 会员证

自孩子可以自己写名字了开始，立马带去图书馆或者影视俱乐部去登记报名。当他们得到一张写着自己的名字的会员证时，他们会非常自豪的 ！

[61] 人体大小的海报

让孩子躺在一张大大的纸上，用铅笔勾勒出孩子的身体轮廓。然后让他们自己画上自己的眼睛、嘴巴、手掌，等等。通过这张海报，你能看到在孩子眼中，他们自己是什么样的。还可以在这幅轮廓图旁填上抱着孩子的自己，或者画上蝴蝶，也可以画满心形图案，花朵或者气球，在里面写上你们的名字。

[62] 通过画画"交谈"

当您和孩子一起玩时，或者你们同坐在书桌旁做着自己的事情时，你们可以在旁边放张纸。

每当你们中有人想要说点什么时，就可以在纸上画画或者留言给对方，对方看到了可以立即回复，或者什么时候想回复都可以。交谈内容可以充满想象力：画些音符、颜色、气味，或者这一天的气氛、感觉、等等。

[63] 当你还小时……

对孩子讲他们还是个可爱的小婴儿时是什么样儿的，正如他们长大了有多么可爱一样。对孩子讲他们来到人世说的第一个词，第一次不用人扶着走是什么时候，当他们特别小时怎么吃东西，说说他们小时候是不是爱生病，每个夜里是不是要哭醒一百次，无论这些事情说起来是不是都很甜蜜。对他们讲你是怎么给他取的名字，当时还有哪些备选的名字，而你是多么理解有些决定就是那么重要，那么美丽，那么独一无二。

[64] 魔镜，魔镜，墙上的魔镜！

应该和孩子一起装饰镜子。这个镜子装饰得越合心，孩子每每照镜子时就会越快乐。我们这么做还可以积极地促进孩子的自我认知能力和自我接受能力。

[65] 为小鸟准备面包屑

这个时候的孩子，已经到了可以学习生态学的年龄了。学习生物能让孩子更好地爱自己。

从简单的事情做起：当我们去公园散步时，喂白鸽吃些面包屑，或者一定记得把垃圾扔到合适的地方，等等。如果动物园里有孩子自己偏好的动物，去找到动物园负责看养动物的饲养员，询问他孩子能不能为这个动物做点什么。

如此一来，孩子不会觉得孤单，他们会建立起对周围世界的自我认识，也会获得更多的幸福感和责任感，孩子会为自己做的这些事情觉得非常的骄傲和自豪！

[66] 认真的陪伴

和孩子一起出去玩，去公园里、去街上、去海边。和孩子一起玩游戏，玩弹珠、捉迷藏，或者你听过没听过的所有游戏。你年纪大了，周围玩游戏的孩子很多，这些都不重要。只要孩子乐意邀请你加入，那就别顾虑自己的尴尬，也别觉得自己看起来傻傻的！快快乐乐地一起玩吧！

[67] 欢乐时刻

别管你为了这个幸福愉快的家庭做了多少工作，留出一个特殊的欢乐时刻吧！可以是周末的清晨，你们欢聚一堂，举办一个特别的欢乐时刻，哪怕一个小时就好。每个成员准备一个笑话，一个典故，或者一首欢快的诗歌。尽情地嬉戏，做个鬼脸。用录像机录下来也是一个很好的建议，保证多年后大家一起回味时都会笑容满面！

[68] 心形点心

把点心做成心的形状。当你看到孩子心情低落时，这些心形点心就派上用场了。你可能觉前得这没什么，但是孩子会很乐意看到心形的点心，或

者在留便笺纸时看到的心形的签名。爸爸做出来的心形面点会更有效果哦！

[69] 高级时装

告诉你的女儿关于家族珠宝的事情，或是让她尝试着用用你的化妆品。让她跟你一起体验总好过她和自己的朋友去体验。她会享受这种你把她看做一个大人的感觉，也不要把自己的偏好强加到她的身上。反正孩子在成长过程中会很善变，所以不要过于担心女儿最近的指甲油情节了。耐心点，这股情节总会过去的。

[70] 正确的时刻

当你去接孩子放学的时候，或者从兴趣班接孩子时，带上一个苹果，或是一些饼干和新鲜的果汁。这个时刻孩子会感受到父母一直都用心在自己身上，即使不在身边的时候。

[71] 化装舞会

和孩子一起组织一场化装舞会，邀请邻居的所有小孩儿一起参加。提前几天选好主题，定好日期，当然也可以要求所有的爸爸妈妈一起参加。我们的孩子会有一种小主人的自豪感，他们的小伙伴也会把我们家当作一个娱乐、欢快、幸福的地方。

[72] 让我们演话剧吧！

无论什么时候都要严肃认真地对待我们的宝贝在学校参加的戏剧表演。不仅要去观看，更要帮他们对好台词，克服怯场的情绪，准备好服装以及做好化妆的工作。

规则很简单：但凡是对孩子来说很重要的事情，对我们来说就同等重要。

[73] 来自家里的问候

如果孩子独自出去旅行，记得要寄给他一张卡片。即使孩子离家万里，也会因为一张卡片欢欣雀跃，无论是一张欢迎归来的卡片，还是一张诉说着想念的卡片。不一定要署名字，可以画一颗心来代替。试想一下，如果我们收到一张这样的卡片是不是也会觉得很幸福？

[74] 早早起床

尽可能多地组织一些家庭集体活动。只要时间允许，可以一起去看场电影，来一次野外聚餐，或者一起散散步，逛逛街，或者去有孩子的朋友家串串门！试着在有活动的当天早点起床做一些事情，不是为了家务，不是为了工作，甚至不是为了整个家，而只是单纯地为了孩子！

[75] 爱的袭击

当孩子还小时，我们可以抱抱他们，亲亲他们。尤其是经过了劳累的一天，你可以从后面抓住他，紧紧地拥抱他，或者干脆用亲吻或搔痒痒的方式“袭击”他！

[76] 室内体操

清晨时，让孩子领导全家做一次运动。如果你不是过度的倾向于体操，不要忘了还可以把孩子扛在肩头，或是来个安全的“过肩摔”。

[77] 午餐时的便条

偷偷地在孩子的午餐包里塞一张便条。可以是对一个特别难懂的课程的提前鼓励，也可以只是一句爱的问候，或者干脆是一张电影票或音乐会门票。这些都会让孩子备感温暖。

[78] 家人拼图

和孩子一起用家人的照片做一张拼图。和他们讲讲关于那些亲戚的有趣的故事，即使这个亲戚孩子没有见过。

这样做会拉近孩子和大家族的亲人之间的距离感，还会让孩子有更多的安全感，也会让孩子真正地认同于这个大家族。

[79] 亲手种下的植物

父母的一方应该和孩子一起在院子里种点什么，或是一起在室内培育个盆栽。一起去种植，培育。商量好什么时候谁去浇水，甚至可以对着植物说说话，唱支歌。这是一种共同的努力，共同的责任，也是共同的秘密。用很长的时间，用很多的爱心去培育。

[80] 我的朋友，圣诞老人

为孩子的生日派对请一个小丑或者一个魔术师，在圣诞节时组织一个圣诞老人的到访。每个人都会十分开心，你的派对也会成为当地的民俗佳话。想象一下，当孩子还小的时候，看到爸爸妈妈，外公外婆和圣诞老人一起挽着手走进房间，带着给他的礼物，他会有多开心！

[81] 拥抱的权利

即使你认为孩子已然长大成人，也永远不要剥夺他们拥抱你的权利，早起时偷偷钻进你被窝的权利，或者是盘坐在你膝上的权利。即使是一个青少年，也需要像婴儿一样需要自己的妈妈。当然，他们会先确认妈妈不会嘲弄他们，别人也不会看见。

[82] 护身符

为了能够消解孩子们分离的疼痛，记得给孩子一个小小的“护身符”，可以是一张小小的照片，一块糖果或者其他的小东西。告诉孩子们：“当你心情低落时，把这个小小的‘护身符’拿出来看看，记得爸爸妈妈有多爱你。”

[83] 建议箱

制作一个建议箱或者秘密箱。孩子们知道一个道理：有时候，有些意见，有些批评，写下来比说出来要容易得多。而对于我们来说，孩子如何去表达他的想法是没什么影响的，重要的是我们会和孩子有信任去交流，孩子能够畅所欲言地表达自己的思想。或者我们可以督促孩子们去坚持记日记。记日记能帮助孩子提高书面的表达能力，与自己的内心建立更好的联系。但是，我们千万千万千万不要去读孩子的日记，即使你确定孩子不会知道你读过，也一定不要去读。

[84] 头条新闻

和孩子一起，剪下报纸上的头条新闻，或许这则新闻刊登在这个对自己尤其重要的一个日子里。把新闻标题按时间顺序排好，编上一则故事，贴在一张纸上。当然，也可能编成一首诗，一封信……只要这一点点小小的努力，我们就可能收获很多乐趣，获得一份长久的回忆。

[85] 私人角落

孩子应该有一个自己的角落，在那里，他是绝对的主人。即使他想在自己的领域内在墙上乱写乱画，贴上海报，记日记……什么都可以！在那个角落里，一切随他。不要去评论，不去打扫，把那个角落的事情全部忘掉。如果你有一个院子，也可以开辟一个角落给孩子。可以用写着他名字的小旗子去标记。他们能够在自己的土地上种任何植物，可以剪草，可以盖个鸟窝。让孩子在他们的角落里做些事情，但是做什么完全取决于他们。

[86] 圣诞快乐！

如果你总是寄给别人问候卡片，那么为什么不给自己的宝贝寄一张呢？

[87] 零花钱

孩子应该有一个自己的钱包，每个月或者每周都有自己的零花钱。可以买好吃的，或者用作交通费用，足球卡片，周末的外出游玩，或者其他的零零碎碎的物品。当他们开学的时候，记得帮孩子制做他们自己的电话通讯录。

[88] 当地报纸

印制一份自己家的杂志。每个月，每个家庭成员都要写一篇文章，画一幅画，想个笑话，或者其他什么。校对这些作品，做一个封面，想一个报刊名称，比如“史密斯公告”。印制出来，留给子孙后代。

[89]“偷拍”相机

让孩子在一周里选择一个小时的时间去秘密地观察

家里的一员，然后把看到的一切告诉大家。你会惊讶于孩子会经常告诉你什么东西吸引到他了，而且有时候孩子说的是你永远都不会注意到的。

[90] 惊喜

时不时地突然跑去孩子的房间，在他们绝对意想不到的时候，大声的问他：“你真的知道我有多爱你吗？”

[91] 宝贝的网上相册

开设一个网站，里面放满自己孩子的相片。如果别的父母因为无时无刻地赞赏自己的孩子而刺激到你，那么开网站这件事会是一个很

好的方法，可以向全世界展示自己多为孩子感到骄傲自豪。与此同时，你也就理解了那些激怒过你的父母。

[92] 我的漂亮妈妈

如果孩子认为自己的妈妈来学校时，或者参加家长会的时候能够漂漂亮亮的，如果对于孩子来说这很重要，那么请不要犹豫，好好地打扮自己。孩子一定会为自己有一个漂亮的妈妈而感到自豪，你也是。

[93] 我们最喜欢的婴儿宝贝

给孩子看看当他们还是小婴儿时的相册，告诉他们每张照片背后的故事，诸如，当时是在哪拍的，拍摄时是怎么回事，等等。别太懒惰，记得在每张照片的背后写上地点，日期，当时气氛的描述。在这个过程中，你绝对想不到，孩子还那么小，怎么忽然这么大了？你也不会忘记自己有多珍视他！

[94] 小魔术

教自己的宝贝一些小的魔术伎俩，并且告诉他们，一旦在朋友面前完成魔术了，一定记得把魔术的秘密告诉小伙伴们。这样做，能让孩子的小伙伴们，或者那些潜在的一生的朋友能始终站在孩子身边，会让他们毕生成为朋友而不是敌人。

[95] 爱的信息

家里的墙上有没有你为孩子亲手写下的爱的涂鸦？你会不会在某个时刻签名时写上“XX的妈妈”？（或者可以做一个这样签名的证章。）

[96] 给偶像的一封信

鼓励孩子给自己最喜欢的作家、歌手或者运动员写一封信，邮寄到他们的公共信箱或者俱乐部。谁知道会不会真的收到一封回信呢！如果真的有回信，孩子一定无比骄傲。

[97] 时刻想着孩子

如果你了解到学校有些课程，或者一些孩子很想留个好印象的重要的场合，而你却不能出席，请保证，你会一直想着他！一定要经常问问孩子，这些重要的事情开始的准确时间，并且拥抱他。还可以给孩子一点小装饰物，一个弹珠，或者类似的什么东西。要相信，这些东西是能在相似的场合下带来好运的。而这样做也可以逐渐地让孩子更加自信。

[98] 第一个证书

给孩子手写，或者用电脑打印一个证书。要切记让这个证书怎么看都是真的，内容上越详细越好，要有获奖者的身份，出生日期，地址，等等。总之内容越详细会让孩子有更多的自豪感。内容可以是“世界上最好的儿子（女儿）”。裱起来，挂在一个显眼的地方。对这个证书给予应有的尊重。

[99] 校园大事记

记录好孩子所有的校园大事，也同样包括孩子所有的练习册，尤其是那些母语作文：《我的妈妈》《我的爸爸的工作》《我的暑假》……保存好孩子的所有照片，学校的通知单，还有所有收过的礼物。如果有些事情不好保存或者必须要还回学校，那么用相机拍摄下来也是一个好主意。

[100] 时光机

让我们的想象力尽情地发挥吧！就好像有个时光机，在想象里勾画一下孩子的生日派对，或是想象一些未来的事情。想要激发孩子的志向，时光机会是一个理想的途径，我们也好提前和孩子一起制订将来的计划。

[101] 写一本这样的书

最后，要不断地观察孩子，倾听孩子的想法，和孩子有亲密的互动，以此来了解孩子。学习他们的无声语言，同时，仔细地倾听他们说的话，用心记住。尝试着按照他们的方式理解事物，也能够去理解为什么他们和我们理解的不同。不要浪费每一次可以拥抱的机会，亲吻的机会。

对于孩子和我们来说，享受快乐的最好方法是时时刻刻都能想些新鲜的方式向对方展现我们的爱。随身携带一个记事本，以便能简略地写几个字去展示对孩子的无尽的爱。

无论会不会真的付诸实践，即使是非常可疑的，也要让孩子注意到你的记事本，这样他们会更清楚你对他们的爱。不然，你认为我们这本书写的都是为了什么呢？